Trainingsplanung Beweglichkeits und Koordinationstraining

Anika Kempf

Bibliografische Information der Deutschen Nationalbibliothek:

Die Deutsche Nationalbibliothek verzeichnet diese Publikation in der Deutschen Nationalbibliografie; detaillierte bibliografische Daten sind im Internet über http://dnb.d-nb.de abrufbar.

ISBN: 9783346658296
Dieses Buch ist auch als E-Book erhältlich.

Druck und Bindung: Books on Demand GmbH, Norderstedt Germany
Gedruckt auf säurefreiem Papier aus verantwortungsvollen Quellen

Das vorliegende Werk wurde sorgfältig erarbeitet. Dennoch übernehmen Autoren und Verlag für die Richtigkeit von Angaben, Hinweisen, Links und Ratschlägen sowie eventuelle Druckfehler keine Haftung.

Das Buch bei GRIN: https://www.grin.com/document/1222615

Deutsche Hochschule für
Prävention und Gesundheitsmanagement
Hermann-Neuberger-Sportschule 3
66123 Saarbrücken

Hausarbeit

Name, Vorname	**Kempf, Anika**
Studiengang	**Fitnessökonomie**
Studienmodul	**Trainingslehre 3**
Datum Präsenzphase (siehe Ergebnisdokumentation)	**28.02.22-02.03.22**
Aufgabe	**Trainingsplanung Beweglichkeits- und Koordinationstraining**

Inhaltsverzeichnis

1 Personendaten

1.1 Allgemeine und biometrische Daten

Tabelle 1: allgemeine und biometrische Daten der Person

Alter	21 Jahre
Geschlecht	Männlich
Körpergröße	1,81 m
Körpergewicht	72,7 kg
BMI	22,2 kg/m²
Blutdruck	127 mmHg / 74 mmHg
Berufliche Tätigkeit	Student Trainingswissenschaften
Trainingsmotive	Steigerung Ausdauer, Erhalt körperliche Fitness
Aktuelle sportliche Aktivitäten	6x pro Woche Joggen je 45-90 Minuten, seit 1,5 Jahren 4x pro Woche Krafttraining mit eigenem Körpergewicht daheim je 30 Minuten 1x pro Woche Schwimmen 45 Minuten Täglich 10 Minuten Ganzkörperdehnung
Frühere sportliche Aktivitäten	5-6x pro Woche Krafttraining imFitnessstudio je 60-90 Minuten 3x pro Woche Handball je 90 Minuten, 2009-2014
Zeitlicher Verfügungsrahmen	3x pro Woche je 40 Minuten Koordinationstraining, täglich 20-25 Minuten Beweglichkeitstraining
Allgemeiner Gesundheitszustand / gesundheitliche Einschränkungen:	
Orthopädische/internistische Probleme	Osteonekrose Großzehenendgelenk links Coronaerkrankung Februar 2022
Ärztliche Behandlungen	Nein
Einnahme von Medikamenten	Vitamin D, Magnesium nach Bedarf
Sonstige gesundheitliche Einschränkungen	Keine

1.1.1 Bewertung der allgemeinen und biometrischen Daten

Nach Ermitltung der allgemeinen und biometrischen Daten der Testperson, ist festzuhalten, dass der Proband in der Belastbarkeit und Trainierbarkeit nicht eingeschränkt ist.

Der BMI gibt nach WHO (World Health Organisation , 2020) mit 22,2 kg/m² Normalgewicht an. Dies gilt laut Normwerten für eine Spanne von 18,5 – 24,9 kg/ m². Da die Testperson jedoch einen muskulösen Körperbau durch regelmäßiges Kraft- und Ausdauertraining besitzt, wäre auch eine Erhöhung des BMI nicht bedenklich. Der Blutdruck liegt mit 127 mmHg systolisch und 74 mmHg diastolisch im guten Normalbereich (Normotonie) der Grenzwerte nach der American Heart Association (modifiziert nach Mancia et al., 2013). Optimal wäre ein Blutdruck von unter 120 mmHg systolisch zu unter 80 mmHg diastolisch.

Auch der allgemeine Gesundheitszustand der Testperson gilt als nicht eingeschränkt und vollkommen belastbar. Durch die Osteonekrose des linken Großzehenendgelenk sowie die zurückliegende Coronaerkrankung entstehen keinerlei Einschränkungen.

Beruflich betätigt der Proband sich innerhalb des Zeitraums der Datenerfassung und Trainingsplanerstellung als Fernstudent und verbringt daher im Alltag sechs bis sieben Stunden am Schreibtisch in sitzender Körperhaltung. Trainingsmotive des sportlichen zu Testenden sind eine Steigerung der Ausdauer für die Teilnahme an einem Marathonlauf, sowie der allgemeine Erhalt seiner körperlichen Fitness. Aufgrund der breitgefächerten aktuellen und früheren sportlichen Tätigkeiten kann von einem fortgeschrittenen Trainierenden für die weitere Trainingsplanung ausgegangen werden. Für das nachfolgende Koordinationstraining stehen dreimal 40 Minuten pro Woche, sowie für das Beweglichkeitsprogramm täglich 20-25 Minuten zur Verfügung.

2   Beweglichkeitstestung

Zur Testung der Beweglichkeit des Probanden wird ein vereinfachtes manuelles Testverfahren zur Anlehnung an die Muskelfunktionsüberprüfung nach Janda (2000) durchgeführt. Die maximale Gelenkamplitude wird hierbei über die Schmerztoleranz des Klienten festgelegt, wodurch das Messverfahren lediglich als semi-objektiv einzustufen ist. Die Testung beinhaltet fünf Muskelfunktionsprüfungen, welche im Folgenden beschrieben und mit Normwerten klassifiziert werden. Die Ergebnisse der Testung werden in drei Stufen eingeteilt. Stufe 0 beschreibt eine normal gute Beweglichkeit ohne Defizite, Stufe 1 signalisiert leichte Beweglichkeitsdefizite und Stufe 2 weist auf deutliche Beweglichkeitsdefizite und eine stark eingeschränkte Beweglichkeit hin.

2.1 Testübungen und Normwerte

Tabelle 2: Beweglichkeitstestung und Normwerte (Janda, 2000; zitiert nach Eifler 2021)

Testübung	Beschreibung Ausführung	Normwerte
M. pectoralis major	- Rückenlage auf Behandlungsliege - angewinkelte Beine zur Beckenfixierung - zu testender Arm im Schultergelenk abduziert und außenrotiert, Ellenbogen 90° gebeugt - Schultergelenk schließt mit Liegenrand ab - Tester fixiert Thorax durch leichten Zug diagonal von testender Seite weg - Beckenabheben und Hyperlordose Lendennwirbelsäule (LWS) vermeiden (gilt bei allen Testungen)	Stufe 0 = Oberarm erreicht Horizontale Stufe 1 = Oberarm erreicht Horizontale durch Druck des Testers Stufe 2 = Oberarm erreicht Horizontale auch durch Druck des Testers nicht
M. iliopsoas	- Rückenlage auf Behandlungsliege	Stufe 0 = Oberschenkel erreicht Horizontale

	- Gesäß schließt mit Liegenrand ab, Beine im Überhang - Testperson zieht nicht zu testendes Knie maximal an Körper ran - Hüftflexion des freien Beines durch Position Oberschenkel zur Körperlängsachse testen	Stufe 1 = Oberschenkel erreicht Horizontale durch Druck des Testers Stufe 2 = Oberschenkel erreicht Horizontale auch durch Druck des Testers nicht
M. rectus femoris	- Rückenlage auf Behandlungsliege - Beine im Überhang, Gesäß schließt mit Liegenrand ab - Testperson zieht nicht zu testendes Knie maximal an Körper ran - Testbein in maximal möglicher Hüftextension durch Tester fixieren - Tester führt Bein in maximal mögliche Knieflexion	Stufe 0 = Unterschenkel hängt senkrecht herab Stufe 1 = Unterschenkel erreicht 90° im Kniegelenk durch Druck des Testers Stufe 2 = Unterschenkel erreicht 90° im Kniegelenk auch durch Druck des Testers nicht
Mm. ischiocrurales	- Rückenlage auf Behandlungsliege - nicht zu testendes Bein in Hüft- und Kniegelenk gebeugt angestellt - Tester führt zu testendes Bein bei gestrecktem Kniegelenk in maximal mögliche Hüftflexion - Ausweichbewegung freies Bein, Beugung Tesbein vermeiden	Stufe 0 = Hüftflexion im Ausmaß von 90° möglich Stufe 1 = Hüftflexion im Ausmaß zwischen 80-90° möglich Stufe 2 = Hüftflexion nur unter 80° möglich
Mm. triceps surae	- Rückenlage auf Behandlungsliege - nicht zu testendes Bein in Hüft- und Kniegelenk gebeugt angestellt - Testbein gestreckt, distale Hälfte Unterschenkel ragt über Liegenrand hinaus - distaler Griff des Testers am Fersenbein, andere Hand von Fußaußenkante - Hauptzug distalwärts an der Ferse, leicht achsengerechter Druck am äußeren Fußrand zum Schienbein für Dorslaextension - für isolierte Testung M. soleus Knieflexion einstellen	Stufe 0 = Dorsalextension bis 0° möglich Stufe 1 = Dorsalextension möglich, 0° nicht ganz erreicht Stufe 2 = Dorsalextension nur bis 10° unter 0°-Stellung möglich

2.2 Testergebnisse des Probanden

Mit der Zielperson wurden alle Übungen des manuellen Beweglichkeitstest jeweils nacheinander auf beiden Seiten durchgeführt und die Ergebnisse protokolliert. Diese werden nachfolgend dargestellt.

Tabelle 3: Testergebnisse Beweglichkeitstestung

Testübung	Testergebnis
M. pectoralis major	- rechts: Stufe 0 - links: Stufe 0
M. iliopsoas	- rechts: Stufe 0 - links: Stufe 0
M. rectus femoris	- rechts: Stufe 0 - links: Stufe 0
Mm. ischiocrurales	- rechts: Stufe 0, nicht mehr als 90° erreichbar - links: Stufe 0, schlechter als rechts, nicht mehr als 90° erreichbar
Mm. triceps surae	- rechts: Stufe 0, nicht mehr als 0° erreichbar - links: Stufe 0, nicht mehr als 0° erreichbar

2.2.1 Bewertung der Testergebnisse

Die Testperson weißt in der manuellen Beweglichkeitstestung keinerlei Einschränkungen nach den Normwerten von Janda auf. Lediglich bemerkbar war zum Testzeitpunkt ein erhöhtes Schmerzempfinden bei Messung der Beweglichkeit der Mm. ischiocrurales mit größerer möglicher Bewegungsreichweite auf der rechten Seite. Ebenso führte die Übungsausführung der Beweglichkeitstestung der Mm. triceps surae zum Testende nach Erreichen der 0°-Stellung aufgrund von erhöhtem Zugempfinden. Alle anderen Beweglichkeitsüberprüfungen konnten beidseitig unauffällig auch weit über die Normwertgrenze hinaus ausgeführt werden.

Die herausragenden Testergebnisse sind auf das täglich durchgeführte Dehntraining des Probanden zurückzuführen. Das ausschließliche Auftreten von leicht erhöhtem Dehnungsschmerz bei den Testungen der Beinrückseite kann durch die häufigen Ausdauertrainingsheiten in Form von Dauer- und Intervallläufen begründet werden. Die Muskelgruppe der Ischiocrural- und Wadenmuskulatur wird beim Joggen besonders beansprucht und neigt daher bei ungenügendem Dehntraining zu Verspannung und Verlust der schmerzfreien Beweglichkeit (Dr. Marquardt, 2021). Ziel des Trainingsplanes des Probanden ist daher die leichten Defizite auszugleichen und die gute Gesamtbeweglichkeit des Sportlers mit an das Niveau angepassten Übungen zu erhalten.

3 Trainingsplanung Beweglichkeitstraining

Nachdem die Ergebnisse der Beweglichkeitstestung erfasst und ausgewertet wurden, wird für die Testperson ein geeignetes Dehnprogramm im Sinne des Beweglichkeitstrainings erstellt, welches im Folgenden dargestellt und erläutert wird.

3.1 Belastungsgefüge

Tabelle 4: Belastungsgefüge Beweglichkeitstraining

Trainingshäufigkeit pro Woche	täglich
Sätze pro Übung	Bis zu 4
Dehndauer	Bis 45 Sekunden (60 Sekunden bei postisometrisch)
Intensität	Möglichst hoch, an der Dehngrenze

3.2 Übungsauswahl

Tabelle 5: Übungsauswahl Beweglichkeitstraining

	Übung	Zielmuskulatur	Dehnme-thode	Belastungsgefüge
1	Wadenmuskulatur stehend	M. soleus	Passiv statisch	3x 45 Sekunden pro Seite
2	Beinrückseite in Dreiecksposition	M. gastrocnemius, M. soleus, M. biceps femoris, M. semimembranosus, M. semitendinosus, M. glutaeus maximus	Aktiv-dynamisch	4x 15 pro Seite
3	Grätsche sitzend	M. adductor brevis, M. adductor longus, M.adductor magnus, M. gracilis, M. pectineus, M. biceps femoris, M. semimembranosus, M. semitendinosus	Passiv postisometrisch	2x 60 Sekunden
4	Hüftbeugung und Lateralflexion	M. iliopsoas, M. rectus femoris, M. latissimus dorsi, M. obliquus internus abdominis, M. obliquus externus abdominis	Passiv dynamisch, aktiv-dynamisch	2x 15 pro Seite
5	Hüftaußenrotation und Beinstrecker	M. quadriceps femoris, M. glutaeus maximus, M. glutaeus minimus, M. glutaeus medius, M. psoas major	Passiv statisch	3x 30 Sekunden pro Seite
6	Wirbelsäulenrotation	M. obliquus externus abdominis, M. obliquus internus abdominis, M. erector spinae	Passiv statisch	1x 45 Sekunden pro Seite
7	Wirbelsäulenextension und -flexion	M. erector spinae, M. rectus abdominis, M. obliquus internus abdominis, M. obliquus externus abdominis	Aktiv und Passiv dynamisch	2x 15
8	Brustmuskulatur an der Wand	M. pectoralis major, M. deltoideus pars clavicularis	Passiv postisometrisch	2x 60 Sekunden pro Seite
9	Schulterblattfixatoren	M. trapezius, Mm. rhomboidei	Aktiv statisch	2x 30 Sekunden
10	Nackenmuskulatur	M. trapezius pars descendens, M. sternocleidomastoideus	Aktiv- und Passiv-postisometrisch	2x 60 Sekunden pro Seite

3.3 Begründung Dehnprogramm

Nach Angaben und Wünschen des Probanden wurde das Trainingsprogramm zur Beweglichkeitsverbesserung mit zehn verschiedenen Übungen für 20-25 Minuten täglich konzipiert. Auch eine Minimaldosis aus zwei bis drei Dehntrainingseinheiten pro Woche würde die bereits gute Beweglichkeit des Sportlers sichern (Rancour, 2009), weswegen keinerlei Bedenken beim Auslassen einer Trainingseinheit aus Zeitgründen hinsichtlich der Effektivität auftreten sollten. Um die Beweglichkeit bestimmter Gelenke und deren umgebenden Strukturen nachhaltig zu verbessern (Saueressig, 2016), die Schmerztoleranz und Zugfestigkeit der Sehnen zu erhöhen (Schönthaler, 2002) und muskuläre Probleme vorzubeugen (AOK Bundesverband, 2020) sollte jedoch ein regelmäßiges tägliches Stretching absolviert werden. Empfohlen werden hierfür bis zu vier Sätze bei fortgeschrittenen Sportlern.

Um einen Schwerpunkt zu setzen, wurde die Dehndauer und die Satzanzahl bei den einzelnen Übungen variiert. Priorisiert werden soll die Muskulatur der Beinrückseite, die in der Beweglichkeitstestung die einzige geringe Einschränkung darstellte. Hierfür werden die Übungen „Wadenmuskulatur stehend" und „Beinrückseite in Dreiecksposition" durchgeführt.

Begonnen wird mit einer Dehnung für den Schollenmuskel, der neben dem Zwillingswadenmuskel ein Teil der Wadenmuskulatur ist, welcher beim Läufer höchst beansprucht ist. Hierzu stellt der Proband sich mit Blick zur Wand in einen Ausfallschritt auf und platziert die Hände zur Unterstützung auf Schulterhöhe an der Wand. Beide Fersen bleiben während der Dehnung auf den Boden gedrückt stehen. Nun beugt die Testperson das hintere, zu dehnende Bein im Kniegelenk soweit an, um den mehrgelenkigen M. gastrocnemius aus der Dehnung rauszunehmen, bis ein Zug zwischen Ferse und Wadenmitte entsteht. Diese Übung wird passiv-statisch, für dreimal 45 Sekunden pro Seite gehalten.

Passive Dehnungen werden durch externe Faktoren, also die Hilfe eines Trainingspartners, die Schwerkraft, Hilfsmittel oder die Kraft von nicht antagonistisch wirkenden Muskeln eingenommen (A Riley, 2012). Durch diese Dehnmethode erhält der Proband einen einfachen Zugang zur Dehnung und nahezu jeder Muskel kann in dieser Art und Weise gedehnt werden.

Kay und Blazevich (2012) empfehlen eine maximale Dehndauer von 45 Sekunden bei statischen Übungen, da eine längere Dehndauer keinen signifikanten Mehrwert bringt. Die Wiederholungszahlen bei dynamischen Übungen sollen an die maximale Dauer von 45 Sekunden angepasst werden und nach Freiwald (2004) eine Anzahl von 15 Wiederholungen nicht überschreiten.

Da der Sportler bereits Erfahrung im Beweglichkeitstraining mitbringt, kann die folgende komplexere Übung ohne Bedenken in das Programm eingeplant werden. Die Ausgangsposition stellt eine Dreiecksposition, ähnlich der Yogapose „herabschauender Hund" dar (Long, 2012), in der Oberkörper und Unterkörper mit auf der Matte aufgestellten Händen und Fußspitzen ein Dreieck mit dem Untergrund bilden. Der Hüftwinkel beträgt dabei möglichst 90°, wodurch bereits die Ischiocruralmuskulatur bei gestreckten Knien in eine Dehnung gebracht wird. Aktiv-dynamisch ausgeführt, beugt und streckt der Proband nun abwechselnd das rechte und linke Knie, während die Ferse des zu dehnenden Beines auf die Unterlage gedrückt wird.

Durch die dynamische Arbeitsweise kann kurzzeitig eine nahezu maximale Dehnposition eingenommen werden. Auch führt dynamisches Dehnen durch die verbesserte Entspannungsfähigkeit zu einer größeren Reduktion der Dehnungsspannung, als beispielsweise das statische Dehnen (Wydra G. , 2002).

Schönthaler und Ohlendorf (2002) differenzieren zwischen drei Grenzwerten der Dehnintensität, der Dehnschwelle als Beginn des Dehnreizes, der Dehngrenze als Beginn des Dehnschmerzes und der maximalen Bewegungsreichweite, welche den Gelenkwinkel bei maximal tolerierbarem Dehnschmerz beschreibt. Marschall (1999) konnte höhere kurzfristige Effekte auf die Bewegungsreichweite bei Dehnungen an der maximalen Spannungs- und Schmerzschwelle beweisen, welche jedoch aus pädagogischer Sicht bei Fitness- und Gesundheitssportlern nicht sinnvoll und notwendig sind. Daher wurde für die vorliegende Trainingsplanung die Dehnintensität für möglichst hoch, also an der Dehngrenze, bei Beginn des Dehnschmerzes gewählt.

Weiterführend wurde auf die Übungen für die hüftumgebende Muskulatur und die der unteren Extremitäten vermehrt das Augenmerk gelegt. Durch die häufige Belastung des Joggens sollte der Sportler diesen Muskelgruppen aus Regnerations- und beweglichkeitserhaltenden Zwecken während des Dehnprogramms größere Aufmerksamkeit schenken. Die dritte Übung des Trainingsplans findet in der Grätschposition sitzend auf der Matte statt. Passiv-postisometrisch soll sich der Proband, bei größtmöglichem Winkel zwischen rechtem und linkem gestreckten Bein, für 2x 60 Sekunden postiosmetrisch mit geradem Oberkörper nach vorne Richtung Boden neigen. Hierdurch wird die häufig unbewegliche Muskulatur der Hüftadduktoren und die leicht tonuserhöhte ischiocrurale Muskelgruppe gedehnt. Bei der postisometrischen Dehnung, auch Anspannungs-Entspannungs-Dehnen (Knebel, 1985) bezeichnet, wird in einer leichten Dehnposition die zu dehnende Muskulatur für zehn Sekunden isometrisch kontrahiert. Anschließend folgt eine völlige Entspannung für zwei bis drei Sekunden, nach der in die passive Dehnposition mit deutlich spürbarem Dehnreiz übergegangen wird. Diese wird für zehn bis zwanzig Sekunden statisch gehalten und durch erneute isometrische Kontraktion der zu dehnenden Muskulatur abgelöst. Dieser Wechsel wird für 60 Sekunden wiederholt (Hohmann, 2002). Nach Wydra, Bös und Karisch ist auch die postisometrische Dehntechnik der statischen im Bezug auf die Verbesserung der kurzfristigen Beweglichkeit dominierend (1991).

Im geplanten Beweglichkeitsprogramm folgt die vierte Übung, die Hüftbeugerdehnung mit kombinierter Lateralflexion im Ausfallschritt. Der Sportler positioniert sich in größtmöglicher Schrittstellung, wobei die hintere Ferse vom Boden gelöst ist. Durch die Streckung des hinteren Knies und gleichzeitige Kippung des Beckens nach vorne, ausgelöst durch eine Anspannung der Gesäßmuskulatur, wird der M. iliopsoas in eine Dehnung gebracht. Ergänzt wird diese Position durch eine Lateralflexion auf die nicht zu dehnende Seite, mit Einsatz des Armes zur Verstärkung der Seitneigung. In zwei Sätzen pro Seite mit jeweils 15 Wiederholungen geht der Proband durch Beckenkippung und Druck Richtung Boden, sowie dem Zug des Armes auf die gegenüberliegende Seite dynamisch in die Dehnposition und löst nach Erreichen der Dehngrenze die Spannung zurück in die Ausgangsposition.

Statisch ausgeführt wird die Übung Nr. 5 für die Dehnung der Hüftaußenrotatoren und der beinstreckenden Muskulatur. Der Proband begibt sich in die Ausgangsstellung der Taube aus dem Yoga (Long, 2012), in der das vordere Bein in einer Hüftaußenrotation und annähernd rechtwinkliger Knieflexion auf der Matte aufgelegt wird. Das hintere Bein ist zu Beginn in möglichst großer Hüftextension gestreckt platziert. Für drei Sätze zieht die Testperson nun das hintere Bein in eine dehnende Knieflexion und hält diese für je 30 Sekunden, während der Winkel des vorderen Beins in seiner Größe erhalten bleibt. Um eine möglichst funktionelle Gelenkstellung und größtmögliche Dehnung zu erreichen, soll die Hüfte des Probanden achsengerecht in einer Linie gehalten werden.

Beim statischen Dehnen wird die Dehnposition langsam eingenommen und für eine bestimmte Zeit gehalten. Ein Vorteil der Dehnmethode, welcher sich bei dieser Übung zu Nutzen gemacht wird, ist, dass der Dehnungsreflex, also der Eigenreflex, der bei Dehnung des Muskels zur Kontraktion desselben führt (Bernstein, 2021), nicht ausgelöst wird (Sampel, 2015). So können sowohl Anfänger als auch Fortgeschrittene durch das sogenannte „Stretching" einen einfachen Zugang zur Dehnung erlangen und reduzieren dabei die Verletzungsgefahr enorm (Sampel, 2015). Koordinativ anspruchsvolle Übungen, wie die hier dargestellte, können außerdem durch die statische Ausführung erleichtert werden.

Um den Anforderungen des Probanden an das Dehnprogramm im Sinne eines Ganzkörperplanes gerecht zu werden und die eintönigen Belastungen des langen Sitzens am Schreibtisch ausgleichen zu können, folgen Übungen für die Wirbelsäule und die oberen Extremitäten.

Für die Rotation der Wirbelsäule und die Dehnung der Rumpfstabilisatoren legt sich die Testperson in Rückenlage auf den Boden. Nachfolgend wird das Becken mit den unteren

Extremitäten und der Oberkörper in eine gegenläufige Dreh-Dehnposition gebracht. Dabei zieht beispielsweise das rechte Knie auf der linken Körperseite gen Boden, während die rechte Schulter auf der rechten Körperseite die Matte nicht verlassen soll. Für eine weiterlaufende Rotation in der Halswirbelsäule dreht auch der Kopf auf die rechte Seite. Diese Position wird passiv-statisch durch den Druck der linken Hand am rechten Knie und dem Zug der rechten Schulter Richtung Boden für je 45 Sekunden einmal pro Seite gehalten.

Es folgt eine Kombinationsübung aus den Positionen „Cobra" und „Kindspose" aus dem Yoga (Long, 2012). Der Sportler startet die siebte Übung des Programms in Bauchlage mit den Händen auf Höhe der Schultern auf der Matte plaziert. Durch Strecken der Arme drückt er sich in eine passive Wirbelsäulenextension, bei der der Oberkörper den Boden verlässt und das Becken inklusive der Beine den Kontakt zur Matte behält. Nach Erreichen der Dehngrenze und Beginn des Dehnschmerzes, geht der Proband über ein Ablegen des Oberkörpers und das Zurückführen des Gesäß, durch Beugen der Beine, in die Position des Kindes. Hierbei wird die Wirbelsäule in eine gegendehnende Flexion gebracht, indem die Testperson das Gesäß auf den Fersen absetzt und aktiv das Kinn Richtung Brust führt. Anschließend wird der Körper wieder in Ausgangsposition abgelegt. Diesen aktiv und passiv kombinierten Bewegungsablauf führt der Sportler nun dynamisch für zwei Sätze mit jeweils zehn Wiederholungen durch.

Die aktive Dehnmethode ist durch die Einnahme der Dehnposition mittels einer Kontraktion der antagonistisch wirkenden Muskeln gekennzeichnet. Vorteilhaft ist daher, dass eine gleichzeitige Kräftigung der Antagonisten stattfindet, deren Kraft jedoch leistungs- und dehnungslimitierend für die Beweglichkeitsübung ist, was nachteilig auf die Dehnung wirken kann (Stöck, 2019). Auch bei dieser Dehnart ist die Verletzungsgefahr deutlich reduziert, im Vergleich zur dynamischen oder passiven Dehnung (Stöck, 2019). Abschließende Übungen wurden für den Schulter- und Nackenbereich gewählt.

Die Brustmuskulatur, welche aufgrund der langanhaltenden Sitzposition im Alltag selten in voller Bewegungsreichweite genutzt wird, soll mit Hilfe einer Wand gedehnt werden. Dafür legt der Proband, der seitlich zur Wand steht, seinen im Schultergelenk 90° Grad abduzierten und außenrotierten Arm in sogenannter „U-Position" mit gebeugtem Ellenbogen hinter den Körper geführt an die Wand ab. Durch die Abduktion und Retroversion des Arms wird der M. pectoralis major entlang der physiologischen Zugrichtung gedehnt. Verstärkt werden kann diese Dehnposition durch eine gegenläufige Rotation des Oberkörpers weg von der Wand.

Nachfolgend werden in zwei Übungen die Zwischenschulterblatt- und Nackenmuskulatur gedehnt. Der Sportler fasst für die neunte Übung des Plans beide Hände auf Schulterhöhe vor dem Körper und führt diese dann mit gestrecktem Ellenbogengelenk und nach außen zeigenden Handinnenflächen durch eine Pronation der Schultern möglichst weit vom Körper weg. Durch aktives Einziehen des Kinns Richtung Brustbein verstärkt sich die Dehnung auf den Trapezmuskel, welche für zwei Sätze mit jeweils 30 Sekunden Dehnungsdauer aktiv-statisch gehalten wird.

Die letzte Übung des Beweglichkeitsprogramms ist die aktiv- und passiv-postisometrische Dehnung der Nackenmuskulatur. Im aufrechten Stand oder geraden Sitz neigt der Proband den Kopf auf eine Seite und verstärkt die Dehnung passiv durch den Zug der gleichseitigen Hand am Kopf sowie dem aktiven Druck der gegenseitigen Schulter gen Boden. Der Sportler führt diese Übung nach dem postisometrischen Dehnprinzip in zwei Sätzen á 60 Sekunden pro Seite durch.

Für jede Übung wurde die praktikabelste Dehnmethode ausgewählt, die vom Probanden einfach und sicher durchzuführen sind und jeweils den größtmöglichen Effekt der Beweglichkeitsverbesserung liefern und gleichzeitig eine ausreichende Abwechslung bieten. Erzielt werden soll dadurch eine optimale Erhöhung der Schmerztoleranz, die zur Vergrößerung der Bewegungsreichweite führt, um ein optimales Kraft-Längen-Verhältnis der Muskulatur zu erzielen und, bezogen auf den bereits sportlichen Probanden, zu erhalten (Glück S. , 2005).

4 Trainingsplanung Koordinationstraining

4.1 Belastungsgefüge

Tabelle 6: Belastungsgefüge Koordinationstraining

Trainingshäufigkeit pro Woche	3x
Sätze pro Übung	Bis zu 4
Haltedauer	5-60 Sekunden
Wiederholungsanzahl	5-30 Wiederholungen
Pausendauer	> 45 Sekunden
Gesamtdauer	35-40 Minuten

4.2 Übungsauswahl

Tabelle 7: Übungsauswahl Koordinationstraining

	Übung	Belastungsgefüge
Stützübungen	Bosuball Plank halten, Kopf rechts links	2x 60 Sekunden, 30 Sek. Pause
	Liegestütze Füße auf Gymnastikball	2x 10 Wiederholungen, 30 Sek. Pause
	Gymnastikball Unterarmstütz Beinheben	3x 45 Sekunden, 30 Sek. Pause
	Bosuball Liegestütze einbeinig	2x 10 Wiederholungen (5 pro Seite), 30 Sek. Pause
	Bosuball Plank und Füße auf Gymnastikball	4x 45 Sekunden, 40 Sek. Pause
Standübungen	Ausfallschritte Airex mit Knie ranziehen	2x 10 Wiederholungen pro Seite, 10 Sek. Pause
	Therapiekreisel Einbeinstand	3x 45 Sekunden pro Seite, 10 Sek. Pause
	Airex und TRX Ausfallschritte	3x 12 Wiederholungen pro Seite, 10 Sek. Pause
	Bosuball Augen zu beidbeinig	4x 60 Sekunden, 30 Sek. Pause
	Bosuball einbeinig Ball werfen	4x 20 Wiederholungen pro Seite, 20 Sek. Pause

4.3 Begründung der Koordinationsprogramm

Nachfolgende Trainingsplanung für den Sportler wurde nach den allgemeinen methodisch-didaktischen Prinzipien erstellt. In zwei seperaten Übungsblöcken soll durch methodische Übungsreihen von einfachen zu komplexen Bewegungsaufgaben geführt werden. Optimalerweise trainiert der Proband diese Koordinationsübungen zu Beginn einer Trainingseinheit, denn je besser das Zusammenspiel zwischen zentralem Nervensystem und Skelettmuskulatur funktioniert, desto ökonomischer und präziser können die Aufgaben durchgeführt werden (Online Trainer Lizenz, 2018). Deshalb ist vorallem beim Erlernen von neuen Bewegungsabläufen darauf zu achten, dass der Sportler ein ausgeruhtes zentrales Nervensystem mit voller Konzentrationsfähigkeit ohne vorherige Ermüdung besitzt (Online Trainer Lizenz, 2018). Auch innerhalb dieser Trainingsplanung wird dabei das methodisch-didaktische Prinzip der Steigerung von bekannten Übungen zu unbekannten Aufgaben beachtet (Gawrisch, 2014). Die Komponenten des Belastungsgefüges sind laut Gräber (2018) abhängig von der Übungsauswahl. So soll die Intensität beispielsweise am Rande der Überforderung und die Dauer der Übung abhängig von der physischen und psychischen Belastung gewählt werden (Gräber, 2018). Allgemein gilt für das Koordinationstraining die Anzahl der Trainingseinheiten preferiert zu erhöhen, als den Umfang einzelner Übungsaufgaben.

Begonnen wird der Einstieg in das Koordinationstraining mit dem Block der Stützübungen zur Verbesserung des Gleichgewichts. Darauf folgend wird der Block der Bewegungsaufgaben im Stand mit jeweils interner methodischer Übungsreihe beschrieben. Der Proband startet mit der Übung „Plank auf dem Bosuball halten", um dem methodisch-didaktischen Prinzip von leichten zu schweren Bewegungsaufgaben zu folgen (Gawrisch, 2014). Dabei begibt sich der Proband in Liegestützposition mit den Händen auf der harten, flachen Seite des Bosuballs und hält diese Position für 60 Sekunden in zwei Sätzen. Durch die gleichgeschaltete Rotation des Kopfes nach rechts und links wird die Gleichgewichtsfähigkeit besonders gefordert, da der Vestibularapparat im Innenohr liegt und somit auf jegliche Kopfbewegung mit gesteigerter Erregung reagiert (Corves, 2016). In der zweiten Übung wird die Auflagefläche der Hände und Füße variiert, während die Stützposition beibehalten wird. Die Testperson legt dabei beide Beine auf einem Gymnastikball ab und führt mit auf die Matte gestützen Händen Liegestützen aus. Dabei wurde im Vergleich zur vorangegangenen Übung der Stützuntergrund vereinfacht, jedoch muss der Proband während jedes Bewegungswinkels die Position seines Körpers im Raum kontrollieren, der auf dem freibeweglichen Ball positioniert ist (Gräber, 2018).

Auch in der folgenden Übung wird die Auflagefläche weiter verfeinert, indem nun der Unterarmstütz auf dem Ball mit dem wechselseitigen Heben der Füße vom Boden ausgeführt wird. Der Proband muss nun die einfach zu beherschende Fertigkeit des Unterarmstützes auf dem wackeligen, sich ständig bewegenden Untergrund des Gymnastikballs unter der Druckbedingung des Organisationsdrucks durchführen. Bei diesem werden mehrere Anforderungen simultan bewältigt, im Unterschied zum Komplexitätsdruck, bei dem die Anforderungen sukzessiv erledigt werden (Gräber, 2018). Das zugrundeliegende Modell der Druckbedingungen wurde von Roth begründet und beinhaltet weiterführend noch den Zeitdruck, Präzisionsdruck, Variabilitätsdruck und Belastungsdruck, welche im nachfolgenden Trainingplan noch Anwendung finden werden (Roth, 2003). Außerdem entwicklete er die methodische Grundformel für das Training der koordinativen Fähigkeiten (Roth, 2003), welches die Übungskonzeption beschreibt und auch in diesem Trainingsprogrammm angewendet wurde. Demnach wird die Koordination durch eine einfache Fertigkeit, kombiniert durch die informationell-koordinativen Druckbedingungen und die afferente und efferente Vielfalt geschult (Roth, 2003).

Durch die wechselnden Unterlagen und Stützvoraussetzungen entsteht durch die folgende Übung zusätzlich ein Variabilitätsdruck, den der Proband während der Trainingsplanab-solvierung bearbeiten muss. Dabei soll er sich wieder zurück in die Stützposition aus Übung eins begeben und nun einbeinige Liegestütze mit den Händen auf der flachen Seite des Bosuballs ausführen. Sobald insgesamt 2x 10 Wiederholungen des rechten und linken Beins im Wechsel mit je 30 Sekunden Pause geschafft sind, folgt die letzte Übung der methodischen Übungsreihe in der Stützposition.

Kombiniert werden die einzelnen Lernschritte zur statischen Übung Plank mit Händen auf dem Bosuball und dem Füßen auf einem Gymnastikball. Durch zwei instabile Auflageflächen der Füße und Hände, verlangt diese Übung hohe koordinative Fähigkeiten vom Sportler ab und schult somit das Gleichgewicht des vorerfahrenen Probanden herausfordernd. Ziel ist es, diese Aufgabe für 4 Sätze á 45 Sekunden zu absolvieren und jeweils eine Pause von 40 Sekunden zwischen den Übungsrunden für eine ausreichende zentralnervöse Erhohlung einzuräumen.

Ein Beispiel für die Druckbedingung des Belastungsdrucks ist die Einstiegsübung des zweiten Blocks, die Ausfallschritte mit dem vorderen Fuß auf dem Airex. Die Testperson muss aus dem einbeinigen Stand auf dem Airex-Kissen nach hinten in eine tiefe Ausfallschrittposition gehen und darauffolgend zurück in den Einbeinstand kehren und das Spielbein mit dem Knie gen Brust nach oben ziehen. Simultan wird erwartet, die Stabilität des Beines und das Gleichgewicht während jeder Phase der Bewegungsaufgabe zu erhalten und den physisch-konditionellen Belastungen der Kraftkomponente der Ausfallschritte zu trotzen. Bei allen einbeinig ausgeführten Übungen wurde eine kurze Pausendauer jeweils nach dem kompletten Absolvieren beider Seiten eingeräumt.

Bei allen Übungen, die im Stand ausgeführt werden, ist auf die Grundvoraussetzung, den „kurzen Fuß nach Janda" zu achten. Dieser soll anfangs vor allem barfuß erlernt werden und baut auf dem stabilen schulterbreiten Stand auf, bei dem die Wirbelsäule aufgerichtet ist, die Knie leicht gebeugt sind und der Körperschwerpunkt in der Mitte zwischen beiden Füßen ruht (Häfelinger, 2007). Die drei Kontaktpunkte des Fußes, die gleichmäßig belastet werden, sind die Ferse, der äußere Fußrand sowie der Vorfuß mit Klein- und Großzehenballen. Sobald der Sportler diese Position kontrolliert einnehmen kann, wird zusätzlich das Fußgewölbe nach oben gezogen, ohne die Zehen dabei zu krallen (Häfelinger, 2007). Dadurch wird die Streckmuskulatur aktviert, der Abstand zwischen Vorfuß und Ferse verkürzt sich und das Gesamtlot des Körpers richtet sich auf (Pfaff, 2008).

Zur Verbesserung des Einbeinstandes und der Gleichgewichtsfähigkeit, folgt als zweite Übung das einbeinige Stehen auf dem Therapiekreisel. Durch die stabile, flache Auflagefläche des Trainingsgerätes für Propriozeption, auch Tiefenwahrnehmung des Körpers genannt, variieren die Anforderungen an den Sportler im Vergleich zum Stand auf dem Airex-Schaumstoffkissen, bei dem die stabilisierende Muskulatur des Sprung- und Kniegelenks die Hauptarbeit übernimmt. Sobald der Untergrund nicht mehr instabil ist, wird die muskulärstabilisierende Komponente verringert und die Anforderungen an das Gleichgewichtsorgan steigen.

Die dritte Übung des Koordinationsprogramms stellt eine Variation der ersten Aufgabe dar, bei der das hintere Bein nun in einer Schlaufe des TRX-Schlingentrainers die Ausfallschrittbewegung durchführen wird. Das Standbein befindet sich weiterhin auf einem Schaumstoffkissen. Durch diese Übung wird vor allem die Bewegungsökonomie verbessert und der Bewegungsablauf optimiert, was zwei grundlegende Ziele des Koordinationstrainings darstellt. Weitere wünschenswerte Ziele sind die Bewegungssicherung für Aktivitäten des täglichen Lebens, vor allem bei Senioren und älteren Personen, die Verbesserung der Körperwahrnehmung und die Steigerung der spezifischen sportlichen Leistung (Golle, 2019).

Die vorletzte Übungsaufgabe besteht aus dem beidbeinigen Stand auf der flachen Seite des Bosuballs, bei dem die Testperson nun die Augen geschlossen hält. Das Ausschalten der visuellen Komponente erschwert die Koordination und das Halten des Gleichgewichts, denn das Auge als Wahrnehmungssystem informiert das Gehirn über die Stellung des Körpers im Raum (Ahr, 2018). Weiter erschwert werden kann diese Übung durch eine Rotation des Kopfes nach rechts und links oder ein Neigen nach oben und unten. Dadurch wird das Gleichgewichtssystem im Innenohr gestört und muss somit zum Ausbalancieren des Körpers erschwerte Arbeit leisten (Ahr, 2018).

Auch die letzte Übung stellt hohe Anforderungen an die Wahrnehmungssysteme des Körpers. Während dem einbeinigen Stand auf der harten Seite des Bosuballs wird ein vom Trainer geworfener Ball gefangen und anschließend zurück zum Trainer geworfen. Diese Übung soll für vier Sätze mit jeweils 20 Wiederholungen pro Bein durchgeführt werden, wobei nach jeder Runde eine Pause von 20 Sekunden zur Erholung eingehalten werden soll. Der Sportler soll dabei vom Trainer unter Zeitdruck, durch schnelles Werfen und Fangen und unter Präzisionsdruck, durch genaues Zielen und das Halten des Gleichgewichts im Einbeinstand, gestellt werden.

Alle in diesem Trainingsplan ausgewählten Übungen können ohne Bedenken mit der vorliegenden Testperson durchgeführt werden, da diese keinerlei gesundheitliche Einschränkungen vorweist und durch jahrelange Sporterfahrung in verschiedenen Disziplinen nicht als Anfänger eingestuft wird. Der Übungsblock der Stützübungen soll die Koordination und die Gleichgewichtsfähigkeit des Probanden während Krafttrainingsübungen erleichtern. Auf die Ökonomisierung und sportspezifische Verbesserung der Lauftechnik und Standbeinstabilisierung zielt der zweite Block der vorliegenden Trainingsplanung ab.

5 Literaturrecherche

5.1 Studie 1

Tabelle 8: Literaturrecherche Studie 1

Autor	Sabine Glück, M. Schwarz, u. Hoffmann, G. Wydra
Erscheinungsjahr	2002
Forschungsfrage	Gibt es nach 15 singulären Dehnungen bei kurzfristiger Betrachtung Unterschiede zwischen der direkten und indirekten Eigendehnung und der indirekten Fremddehnung im Hinblick auf die mittlere Ausprägung der Bewegungsreichweite, der Zugkraft und der Muskelaktivität?
Probanden	27 Sportstudenten • Ausgeschlossen Studenten, die Sportarten mit überdurchschnittlich hohen Beweglichkeitsanteilen betrieben (Turnen, rhythmische Sportgymnastik, Akrobatik) • 11 weiblich, 16 männlich • Alter 24,8 ± 1,7 Randomisiert in drei Gruppen aufgeteilt

Versuchsaufbau	Durchführung drei standardisierter Testformen in randomisierter Reihenfolge
	Drei Gewöhnungstermine innerhalb einer Woche
	• Vertraut machen mit Apparatur, Durchführungsformen und maximaler Dehnposition an Schmerzgrenze
	Eine Woche Pause
	Dreiwöchige Testphase, jeweils ein Test pro Woche
	• Am Vortag keine intensiven körperlichen Belastungen durchführen
	• Während gesamter Testphase kein zusätzliches Beweglichkeitstraining durchführen
	Durchführungsformen zur Dehnung des M. biceps femoris
	1. Direkte Eigendehnung (DE)
	    Selbstständiges Dehnen über Seilzug
	2. Indirekte Eigendehnung (IE)
	    Selbstständiges Bedienen eines Elektromotors
	3. Indirekte Fremddehnung (IF)
	    Testleiter bedient Elektromotor, Intensität der Dehnung durch Zuruf steuerbar
	Erfassung der Parameter
	• Maximale Bewegungsreichweite an der Schmerzgrenze (BR_{max}) mittels dreidimensionalem Bewegungsanalysesystem
	• Zugkraft bei konstantem Winkel der jeweils ersten BR_{max} (ZK) und maximal tolerierte Zugkraft in maximaler Dehnposition (ZK_{max}) mittels Dehnungsmessstreifen
	• Muskelaktivität ($\%iEMG_{biz}$) des M. biceps femoris mittels EMG-Verstärker
	Erwärmung, vor jedem Test, 5 Minuten auf Fahrradergometer
	• 1,5 Watt x kg Körpergewicht
	Standardisierte Fixierung in Rückenlage auf Apparat
	• Fixierung Schultern, Becken, Knie des nichtzudehnenden Beines
	• Fußschlaufe um Sprunggelenk des zu dehnenden Beines an Seilzug
	• Bewegliche schlittenartige Apparatur
	Testdurchführung pro Durchführungsform
	• 15x in maximale Dehnposition und Ausgangswinkel (45°) bringen
	• Erfassung der Parameter
	• Mittelwert der 15 Einzelmessung je Durchführungsform bestimmen
	• Befragung nach der subjektiv angenehmsten Durchführungsform

Ergebnisse	Maximale Bewegungsreichweite • Im Mittel DE 5% höher als IE und IF • Kein Unterschied zwischen IE und IF • Erster Wert DE 4% höher als IE und 5% höher als IF Zugkraft • Keine signifikanten Gruppenunterschiede Maximal tolerierte Zugkraft • Keine nachweisbaren Unterschiede

	Muskelaktivität
	• Keine signifikanten Gruppenunterschiede
Schluss-folgerungen	Direkte Eigendehnung aus Sicht der sensomotorischen Handlungsregulation vorteilhaft Überlegenheit im Bezug auf Bewegungsreichweite, weißt gleichzeitig geringste Zugkräfte und Muskelaktivität auf Subjektiv empfundene angenehmste Durchführungsform Ursachen: • Erhöhtes sensomotorisches Feedback, dadurch Reflex-Hemmung • Erhöhte Sehnen-Elastizität • Einbeziehung psychischer Prozesse

5.2 Studie 2

Tabelle 9: Literaturrecherche Studie 2

Autor	Marschall, F.
Erscheinungsjahr	1999
Forschungsfrage	Wie beeinflussen unterschiedliche Dehnintensitäten kurzfristig die Veränderung der Bewegungsreichweite?
Probanden	21 Probanden • 9 Frauen • 12 Männer • Alter 24,8 ± 3,4
Versuchsaufbau	Randomisierte Zuweisung der Beinseite zur Dehnintensität und Reihenfolge der Trainingsprozedur • Weiches Dehnen: deutlich spürbares Dehngefühl (DS) • Maximales Dehnen: größtmögliches Dehngefühl (D_{max}) Erfassung Motivation und Tagesform via Fragebogen spezifischen Erwärmung der ischiocrualen Muskulatur • Fahrradergometrische Belastung von 1,5 Watt/kg Körpergewicht • Standardisierte Kniegelenkbeugung Vortest zur Erfassung der D_{max} Untersuchung auf Messtisch • Fixierte Wirbelsäule, fixiertes Gegenbein Elektronische Steuerung in Dehnposition für ischiocrurale Muskulatur • Unmittelbar nach Erreichen wieder auflösen Testdurchführung • 15 Wiederholungen ohne Pause • Aus Neutral-0° Position bis zur jeweiligen Grenze Erneute Erfassung der D_{max}
Ergebnisse	• Beide Intensitätsstufen führen kurzfristig zu signifikanter Verbesserung maximaler Bewegungsreichweite • Statistisch bedeutsam höhere Veränderung der Bewegungsreichweite bei maximaler Intensität im Vergleich zu submaximaler Intensität • Vergrößerung der Bewegungsreichweite innerhalb wiederholter Durch-führung bei maximalem Dehnen um 6,24° zwischen erster und fünf-zehnter Wiederholung • Motivation und Tagesform zeigen keine Interaktion mit gefundenem Trainingseffekt
Schluss-folgerungen	• Durch Erhöhung der Dehnungs-Spannungs-Toleranz Vergrößerung der Bewegungsreichweite bei wiederholten Bewegungen unter maximaler Dehnung möglich • Anteil der Beanspruchung des serienelastischen Bindegewebes für Auslösung einer Anpassungsreaktion bei submaximaler Dehnintensität zu gering

6 Literaturverzeichnis

A Riley, D. V. (2012). The effects of active and passive stretching on muscle length. *The Physical medicine and rehabilitation clinics of North America*.

Ahr, W. S. (2018). *Übungen zur Gleichgewichtsschulung*. Abgerufen am 07. März 2022 von Uni Koblenz: https://knsu.uni-koblenz.de/weitere_sportbereiche/wahrnehmen/th_uebungen_zur_gleichgewicht sschulung/th_uebungen_zur_gleichgewichtsschulung.pdf

AOK Bundesverband. (30. 07 2020). *Mehr Beweglichkeit durch Stretching*. Abgerufen am 04. 03 2022 von AOK Gesundheitsmagazin: https://www.aok.de/pk/magazin/sport/sportverletzung/mehr-beweglichkeit-durch-stretching/

Bernstein, E. (12. November 2021). *Dehnungsreflex*. Abgerufen am 05. März 2022 von MedLexi: https://medlexi.de/Dehnungsreflex

Corves, A. (2016). *Ein Labyrinth fürs Gleichgewicht*. Abgerufen am 07. März 2022 von Das Gehirn: https://www.dasgehirn.info/wahrnehmen/hoeren/ein-labyrinth-fuers-gleichgewicht

Dr. Marquardt, M. (Juli 2021). Wadenschmerzen beim Laufen . Langenhagen . Abgerufen am 03. März 2022 von https://www.youtube.com/watch?v=4kxBDsTp494

Freiwald, J. (2004). *Dehnen - Legenden, Fakten, Vortrag*. Waldenburg.

Gawrisch, G. (2014). *Sportdidaktik*. Abgerufen am 07. März 2022 von Sportwissenschaft Uni Kiel: https://www.sportwissenschaft.uni-kiel.de/de/studium-lehre/bachelor-of-arts/lehrveranstaltungen/downloads-sportpaedagogik/sportdidaktik.pdf

Glück, S. (2005). Beeinflussung der Beweglichkeit durch unterschiedliche physische und psychische Einwirkungen. *Dissertation*. Saarbrücken: Universität des Saarlandes .

Glück, S. H. (2002). Bewegungsreichweite, Zugkraft und Muskelaktivität bei eigen- bzw. fremdregulierter Dehnung. *Deutsche Zeitschrift für Sportmedizin*. Abgerufen am 21.. Februar 2022 von https://www.germanjournalsportsmedicine.com/fileadmin/content/archiv2002/he ft03/a01_0302.pdf

Golle, M. G. (2019). *koordinative Fähigkeiten und Koordinationstraining im Sport*. Abgerufen am 07. März 2022 von Springer Link: https://www.researchgate.net/profile/Kathleen-

Golle/publication/332867516_Koordinative_Fahigkeiten_und_Koordinationstrai
ning_im_Sport/links/5cceecef92851c4eab84ddc6/Koordinative-Faehigkeiten-
und-Koordinationstraining-im-Sport.pdf

Gräber, S. (2018). *Koordination*. Abgerufen am 07. März 2022 von Sport Thieme:
https://pimage.sport-thieme.de/pdf/Sam-Graeber-Vortrag-Sport-Thieme-
Akademie2018.pdf

Häfelinger, U. S. (2007). *Koordinationstherapie - propriozeptives Training* (3.
überarbeitete Auflage Ausg., Bd. Wo Sport Spaß macht). Aachen: Meyer &
Meyer .

Hohmann, A. L. (2002). *Einführung in die Trainingswissenschaft (Limpert
Sportwissenschaft, 2. Aufl).* Wiebelsheim: Limpert.

Janda, V. (2000). *Manuelle Muskelfunktionsdiagnostik* (4. Ausg.). München: Urban &
Fischer.

Kay, A. D. (2012). Effect of acute static stretch on maximal muscle performance: a
systematic review. *Medicine and Science in Sports and Exercise*(44(1)), S. 154-
164.

Knebel, K.-P. (1985). *Funktionsgymnastik*. Reinbek: Rowohlt.

Long, R. (2012). *Yoga Anatomie 3D* (Bd. 2: die Haltungen). München: riva Verlag.

Mancia, G. F. (2013). 2013 ESH/ESC Guidelines for the management of arterial
hypertension. The task force for the management of arterial hypertension of the
European Society of Hyper-tension (ESH) and of the European Society of
Cardiology (ESC) . *Journal of Hypertension*(31(7)), S. 1281-1357.

Marschall, F. (1999). Wie beeinflussen unterschiedliche Dehnintensitäten kurzfristig die
Veränderung der Bewegungsreichweite? *Deutsche Zeitschrift für Sportmedizin.*
Abgerufen am 21. Februar 2022 von http://circuit-training-dehnen-dr-
klee.de/dokumente/Marschall%20(1999).pdf

Online Trainer Lizenz. (2018). *KSKA- Wie du deine Trainingseinheit aufbauen solltest.*
Abgerufen am 07. März 2022 von Online Trainer Lizenz: https://www.online-
trainer-lizenz.de/blog/kska-trainingseinheit/

Pfaff, G. (2008). Fuß und Sensomotorik - kurzer Fuß nach Janda. *Orthopädische Praxis.*
Abgerufen am 07. März 2022 von https://www.online-
oup.de/media/pdf/webarchiv/2008/OUP_2008_04.pdf#page=8

Rancour, J. H. (2009). The effects of intermittent stretching following a 4-week static
stretching protocol: a randomized trial. *Journal of strength and conditioning
research / National Strength and Conditioning Association*(23(8)), S. 2217-2222.

Roth, K. (2003). *Wie verbessert man koordinative Fähigkeiten?* In: *Bielefelder Sportpädagogen. Methoden im Sportunterricht.* Schorndorf: Hofmann.

Sampel, K. Z. (2015). *Dehnübungen.* Abgerufen am 05. März 2022 von Budo Karateunion: https://www.bu-do.com/wp-content/uploads/2015/03/Dehnen2.pdf

Saueressig, T. (09. 01 2016). *Stretching und Dehnen - ein Überblick.* Abgerufen am 04. 03 2022 von Evidenzbasierte Physiotherapie: https://evidenzbasiertephysiotherapie.de/stretching-und-dehnen-ueberblick/#Hilft_Stretching_die_Beweglichkeit_zu_verbessern

Schönthaler, S. R. (2002). Biomechanische und neurophysiologische Veränderungen nach ein- und mehrfach seriellem passiv-statischem Beweglichkeitstraining. *Wissenschaftliche Berichte und Materialien / Bundesinstitut für Sportwissenschaft*(1. Auflage).

Stöck, A. (15. November 2019). Passives vs. aktives Dehnen - was ist besser? . Berlin. Abgerufen am 05. März 2022 von https://der-sporttherapeut.de/passives-vs-aktives-dehnen-was-ist-besser-alle-hintergruende-und-vor-und-nachteile/

World Health Organisation . (2020). *Body mass index - BMI.* Abgerufen am 31. 12 2020 von http://www.euro.who.int/en/health-topics/disease-prevention/

Wydra, G. (2002). Dynamisches Dehnen besser als Stretching? *Gesundheitssport und Sporttherapie*(18), S. 124 - 128.

Wydra, G. B. (1991). Die Effektivität verschiedener Dehntechniken. *Deutsche Zeitschrift für Sportmedizin.* Abgerufen am 05. 03 2022 von https://www.sportpaedagogik-sb.de/pdf/sportmed91.pdf

Wydra, G. B. (1991). Zur Effektivität verschiedener Dehntechniken. *Deutsche Zeitschrift für Sportmedizin*(42), S. 386 - 400. Abgerufen am 05. 03 2022 von https://www.sportpaedagogik-sb.de/pdf/sportmed91.pdf

7 Abbildungs- und Tabellenverzeichnis

7.1 Tabellenverzeichnis